Jeux de logique

L'édition originale de cet ouvrage est parue chez Sterling Publishing Co., Inc.
sous les titres *Sip and Solve Logic Puzzles* et *Sit and Solve Travel
Logic Puzzles*

Publié par les Éditions BRAVO! une division de
LES PUBLICATIONS MODUS VIVENDI INC.
55, rue Jean-Talon Ouest, 2ᵉ étage
Montréal (Québec) H2R 2W8
CANADA

www.groupemodus.com

Directeur éditorial : Marc Alain
Éditrice adjointe : Isabelle Jodoin
Traducteur : Jean-Robert Saucyer
Réviseure : Mireille Lévesque

Dépôt légal : Bibliothèque et Archives nationales du Québec, 2011
Dépôt légal : Bibliothèque et Archives Canada, 2011

ISBN 978-2-89670-048-6

Nous reconnaissons l'aide financière du gouvernement du Canada par
l'entremise du Fonds du livre du Canada pour nos activités d'édition.

Imprimé au Canada en novembre 2012

Jeux de logique

Mark Zegarelli

éditions
BRAVO!

Table des matières

Introduction

Qu'est-ce qu'un problème de logique ? Il s'agit d'une courte mise en situation qui fournit au lecteur quelques indices de départ. Votre tâche consiste à structurer l'information à l'aide d'une grille d'analyse. Et le tour est joué !

Si vous êtes néophyte à cette sorte de jeu, commencez par le premier problème. Lorsque vous aurez trouvé une réponse, vérifiez qu'elle est exacte à la fin du livre. Le cas échéant, passez au problème suivant.

Vous deviendrez de plus en plus habile à ce genre d'exercice au fur et à mesure que vous vous y adonnerez.

Les problèmes de logique font un merveilleux passe-temps, et ce, que vous soyez seul dans un café, sur le quai d'une gare ou au lit avant de vous endormir. Faites travailler vos petites cellules grises et amusez-vous intelligemment !

– Mark Zegarelli

Comment résoudre un problème de logique?

Voici quelques indices qui vous aideront à trouver les solutions aux problèmes réunis dans ce livre.

1. Quiconque porte un prénom féminin est une femme, et quiconque porte un prénom masculin est un homme. Les noms de famille n'indiquent rien à cet égard.

   Prénoms féminins : Alice, Jessica, Catherine, Christine, etc.

   Prénoms masculins : Luc, François, Guillaume, Georges, etc.

2. Les maris et les épouses sont, respectivement, de sexe masculin et féminin.

3. Résoudre un problème de logique se compare à l'assemblage d'un puzzle. Essayez de caser à l'intérieur de la grille d'analyse les renseignements tirés des indices fournis.

4. Il arrive parfois que la grille d'analyse soit en partie remplie; par exemple, au premier problème, les cinq années qui s'écoulent entre 2001 et 2005 sont inscrites dans les cases. Examinons à présent le premier indice :

« En 2001, Maude et André ont visité soit le parc safari de Longleat, soit le parc d'animaux sauvages de Whipsnade. »

Vous pouvez dès lors inscrire ces deux noms de jardin zoologique (Longleat et Whipsnade) à la case voisine de 2001. N'oubliez pas que seul l'un de ces noms est exact; aussi, il vous faudra en éliminer un par la suite.

5. Chaque fois que vous inscrivez un mot à la grille, relisez les indices et voyez si quelque chose se révèle sous ce nouvel éclairage. Dans « Jardin zoologique », vous constaterez que le deuxième indice s'avère utile après l'inscription du renseignement tiré du premier indice.

6. Les problèmes difficiles s'appuient sur une grille d'analyse vide; vous devrez donc réfléchir pour faire concorder les renseignements. Faites preuve de détermination et vous saurez vite comment procéder. L'usage rend maître !

1. Jardin zoologique

Maude et André adorent les animaux et se rendre dans les parcs d'animaux sauvages et les zoos qu'ils n'ont jamais visités. Chaque année, entre 2001 et 2005, ils ont visité un endroit différent, dont trois en Angleterre et deux ailleurs.

Saurez-vous trouver l'année à laquelle ils ont visité chaque endroit ?

1. En 2001, Maude et André ont visité soit le parc safari de Longleat, soit le parc d'animaux sauvages de Whipsnade.

2. Ils ont fait le voyage jusqu'aux États-Unis pour voir le fameux zoo de San Diego 3 ans avant de visiter le parc d'animaux sauvages de Fota en Irlande.

3. En 2004, il n'ont visité ni le zoo de Chester ni le parc safari de Longleat.

2001 — Longleat
    — Animeaux Sauvage
              Whipsnade
3ans avant Animeaux
    — San   Sauvage Fota
          Diego
2004 — ni Longleat ni Chester

Année	Zoo
2001	Longleat
2002	San Diego
2003	~~Whipsnade~~ Chester
2004	Whipsnade
2005	Fota

Solution, page 86

2. Au royaume du Farflunge

Le petit royaume du Farflunge est devenu une destination soleil courue depuis que son vieux despote, le roi Nastus, a été chassé du pouvoir. Le pays se divise en trois provinces ainsi qu'on le voit sur la carte. Chaque province est gouvernée par l'un des trois fils du roi, dont le prince Balkun. Sauriez-vous dire où se situe chaque province et quel est le prince qui la gouverne ?

1. Tyrellia est la province nº 1.

2. La province d'Esperenza se trouve quelque part au nord de la province que gouverne le prince Mortimer.

3. La province de Lemurva ne jouxte pas la province que gouverne le prince Antonius.

Esperenza
nord de la
province gouverné
par Mortimer

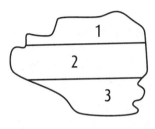

Lemuria
touche
pas
la prov
gouverné
par
Antonius

N°	Province	Fils
1	Tyrellia	~~Antonius~~
2	Esperenza	Balkun
3	Lemuria	Mortimer

Solution, page 87

3. Bons baisers de l'Antarctique

Maxine et Arnold ont décidé de combattre la déprime hivernale en se rendant dans le sud. Mais vraiment au sud, jusqu'en Antarctique ! Au cours de cinq années différentes, de 1997 à 2001, ils se sont rendus à cinq reprises sur ce continent de glace. Sauriez-vous dire en quelle année ils ont fait chacun de leurs voyages ?

1. En 1998, Maxine et Arnold se sont rendus aux îles Malouines ou au canal Lemaire.

2. Ils ont fait la croisière dans les îles Shetland du Sud trois années avant la croisière en mer de Weddell.

3. Ils se sont rendus en Géorgie du Sud quelque temps avant de faire la croisière sur le canal Lemaire.

98 - îles Malouines
    - Canal Lemaire

Îles shetland
3 années avant Weddell
Géorgie avant canal Lemaire

Année	Voyage
1997	Géorgie du Sud
1998	Canal Lemaire
1999	Shetland
2000	Îles Malouines
2001	Weddell

97 Shetland
98 Îles Malouines
99 Canal Lemaire Géorgie
00 Canal Lemaire Weddell
01 Canal Lemaire

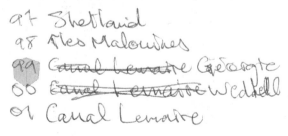

Solution, page 88

4. Magasinage dans le cosmos

Par un beau jour de printemps de l'année 2406, Célestine était en congé et décida de faire quelques courses. Elle a sauté à bord de son transporteur et visité avant l'heure du déjeuner quatre planètes (dont Mars). Elle a acheté un article différent sur chaque planéte. Sauriez-vous retracer l'ordre selon lequel Célestine a visité les quatre planètes et dire quel article elle a acheté sur chacune ?

1. Célestine a fait un premier arrêt sur Vénus.

2. Elle s'est rendue sur Saturne, mais n'a acheté ses chaussures infrarouges que deux arrêts plus tard.

3. Sur Mercure, elle acheté un bracelet antigravité.

4. Elle a acheté un maillot en mailles de platine quelque temps avant de se procurer des billets pour le nouvel opéra qui ressuscite une vedette rock depuis longtemps oubliée, Elton John.

Saturne +2 : chaussures

Mercure : Bracelet

Maillot avant les billets

Mars ?

Ordre	Planète	Article
1er	Venus	maillot
2e	Saturne	billets
3e	Mercure	Bracelet
4e	Mars	chaussures

Solution, page 89

5. Pas de substitution

Épargner est l'une des choses qu'apprend, parfois à la dure, un étudiant. Mais alors qu'ils faisaient les courses au supermarché, Ingrid et ses trois colocataires se sont rendu compte que certains articles valent le prix qu'on en demande. Chacun a catégoriquement refusé d'acheter la version générique d'un produit, préférant débourser le prix demandé pour l'original. Fait digne de remarque, l'appellation de chacun des produits en question comporte un nombre (la sauce pour bifteck A1, la boisson gazeuse 7 Up, le jus de légumes V8 et la sauce pour bifteck Heinz 57). Saurez-vous trouver les prénom et nom de chaque étudiant et le produit que chacun a acheté ?

1. Cartier et Deslauriers sont cousins; Hémon et Fichaud ne sont pas apparentés aux autres.

2. Le nom du produit acheté par Fichaud comporte un nombre plus élevé que celui de Deslauriers, mais inférieur à celui qu'a acheté Kevin.

Cartier / Deslauriers
    cousins.

Hémon et Richard
      produit ↑ Deslauriers
          ↓ Kevin

Bifteck cousin de Julie
      cousin de Louis

3. Les deux colocataires qui ont insisté pour acheter les sauces pour bifteck originales sont le cousin de Julie ainsi que Louis.

4. Une jeune femme acheté le jus de légumes V8.

V8 jeune femme

Prénom	Nom	Produit
	Julie	V8
Fichaud		7UP

Solution, page 90

6. Voyages de rêve

Quatre mères prennent le café ensemble chaque matin après avoir accompagné leurs enfants à l'école. Aujourd'hui, elles sont assises en cercle, ainsi qu'on le voit ci-contre, et chacune raconte un rêve récent qui se déroulait dans un endroit différent, dont la place Rouge à Moscou. Sauriez-vous établir un lien entre le fauteuil de chacune autour de la table et l'endroit dont elle a rêvé ?

1. Janine a rêvé qu'elle se promenait autour du Colisée à Rome.

2. Marie, qui occupait le fauteuil nº 2, n'est pas celle qui a rêvé qu'elle marchait dans un paysage désertique.

3. Celle qui a rêvé qu'elle se trouvait dans la forêt équatoriale (ce n'était pas Marie) n'était pas assise dans le fauteuil nº 3.

4. Rachel, qui n'a pas rêvé de désert, était assise en face de Louise.

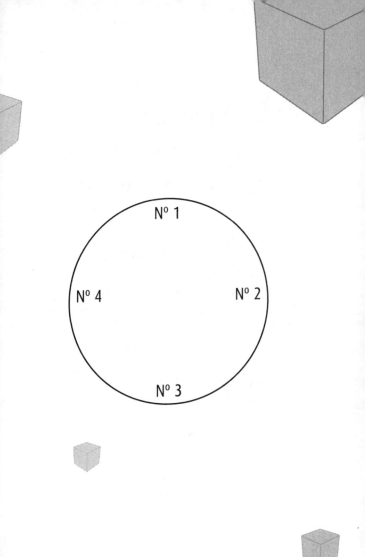

Solution, page 91

7. Quelque chose de nouveau, quelque chose d'ancien

Quatre personnes qui assistaient à un congrès de médecins à Boston, dont Karl et Laura, se sont découvert un lien étrange. Chacun habite un État dont le nom renvoie à un autre lieu (y compris le Nouveau-Mexique). Bizarrement, chacun est né à l'endroit qui a donné son nom à l'État où habite à présent l'un de ses trois compagnons (dont l'île de Jersey). Chacun est né à un endroit différent des autres. Trouvez l'État où chacun habite aujourd'hui et l'endroit où il est né.

1. Sharon vit à New York.

2. Roger est né au Mexique.

3. La personne qui vit au New Jersey est native du Hampshire.

4. La personne qui habite le New Hampshire et la personne native de York sont de genres opposés.

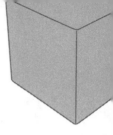

Personne	Lieu de résidence	Lieu de naissance

Solution, page 92

B. Échos du passé

En l'an 2077, cinq étudiants ont pris part à la foire scientifique de leur école en faisant la démonstration de technologies d'enregistrement désuètes depuis longtemps. Chacun a bricolé un appareil d'enregistrement archaïque différent et en a fait la démonstration un jour différent des autres (du lundi au vendredi). Trouvez quel jour chacun a fait sa démonstration et l'appareil en cause.

1. Jacob a fait sa démonstration le lendemain du phonographe et la veille du lecteur MP3.

2. Lucie a démontré le fonctionnement d'un lecteur de rubans à huit pistes ou d'un lecteur de disques compacts un jour autre que le vendredi.

3. Mercredi, un étudiant a démontré le fonctionnement d'un lecteur à cassettes ou de disques compacts.

4. La démonstration de Carl s'est tenue quelque temps après celle qui portait sur le lecteur de disques compacts.

5. Jules a fait sa démonstration la veille d'Arthur.

Jour	Prénom	Appareil

Solution, page 93

9. Les aventures africaines d'Anita

Au cours de huit années, soit entre 1998 et 2005, Anita a visité un pays d'Afrique différent, dont trois en Afrique de l'Ouest (Ghana, Mali et Maroc), trois en Afrique de l'Est (Égypte, Éthiopie et Kenya), et deux en Afrique du Sud (Botswana et Namibie). Sauriez-vous dire en quelle année elle a visité chacun de ces pays ?

1. Les trois premiers pays qu'Anita a visités sont, dans un ordre quelconque, le Botswana et deux pays d'Afrique de l'Ouest.

2. Elle s'est rendue au Ghana deux ou trois années avant de se rendre au Kenya.

3. Il n'y a pas plus de trois années d'intervalle entre son séjour en Égypte et celui au Mali.

4. Elle s'est rendue en Éthiopie et au Maroc deux années de suite.

5. Elle a visité l'Égypte et la Namibie au cours de deux années paires.

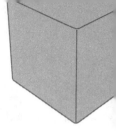

Année	Pays
1998	
1999	
2000	
2001	
2002	
2003	
2004	
2005	

Solution, page 94

10. Orient et Occident

Quatre résidantes de notre ville ont passé un mois en Chine. À leur retour, elles ont prononcé une conférence devant une association locale qui relatait leurs expériences. Elles étaient assises ainsi qu'on le voit ci-dessous. Chacune a abordé un aspect différent de la culture chinoise. Chacune a adopté un prénom chinois, dont Yi-Wan, au cours de son périple. Trouvez dans quel fauteuil chacune était assise, l'objet de sa conférence et son prénom chinois.

N° fauteuil	Sujet	Prénom	Prénom chinois

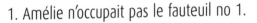

1. Amélie n'occupait pas le fauteuil no 1.

2. Celle qui a adopté le prénom Guai-Fong n'était pas assise dans le fauteuil no 4.

3. Claire était assise à côté de celle qui a parlé des rapports familiaux des Chinois et à côté de celle qui a adopté le prénom Yue-Sai.

4. Celle qui a parlé de l'architecture chinoise (il ne s'agit ni d'Amélie ni de Manon) n'a pas pris Xiao-Xiang comme prénom.

5. Denise s'est assise à côté de celle qui a parlé des pratiques commerciales des Chinois et de celle qui a adopté le prénom Xiao-Xiang.

6. Manon s'est assise à côté de la femme qui a parlé de la politique des dirigeants chinois.

Solution, page 95

11. Par décret impérial

L'impératrice Formidabilia a ordonné que son fils unique, le prince Dweezil, se marie conformément à une loi ancienne. Toute femme désireuse de relever le défi et de payer les droits d'entrée plutôt élevés aurait à choisir l'un de quatre coffrets. Trois d'entre eux contiendraient des objets de peu de valeur alors que le quatrième contiendrait un anneau nuptial. Quatre femmes ont relevé tour à tour le défi, chacune ouvrant un coffret différent des autres, dont le quatrième qui contenait l'anneau qui unirait la destinée de cette femme à celle du prince héritier. Découvrez dans quel ordre les femmes ont relevé le défi, le coffret que chacune a ouvert et l'article qu'il contenait, de manière à trouver laquelle a épousé le prince.

1. Alanis a relevé le défi après la femme qui a ouvert le coffret de teck et quelque temps avant celle qui a ouvert le coffret contenant une prune pourrie.

2. Monica a relevé le défi juste avant ou après la femme qui a ouvert le coffret qui contenait une souris morte.

3. Fiona a ouvert le coffret qui contenait un mouchoir sale.

4. India a relevé le défi juste avant ou après celle qui a ouvert le coffret de jade.

5. Le coffret de bakélite a été ouvert quelque temps après le coffret de cuivre.

Ordre	Femme	Coffret	Contenu
1re			
2e			
3e			
4e			

Solution, page 96

12. Le garage à trois places

Lydia achète et vend des voitures de collection. En ce moment, elle en a trois qui sont garées dans son garage spacieux ainsi qu'on le voit ci-contre. Les trois voitures sont des modèles différents (il y a une Fairlane) et ont une couleur différente des autres (l'une d'elles est rose). À partir des indices ci-dessous, découvrez l'emplacement des trois voitures dans le garage de Lydia et la couleur de chacune d'elles.

1. La Hudson occupe l'espace n° 1.

2. La Edsel est garée à la gauche de l'auto bleue.

3. L'auto verte n'occupe pas l'espace n° 2.

	Nº 1 (gauche)	Nº 2	Nº 3 (droite)
Modèle			
Couleur			

Solution, page 97

13. Sports d'hiver

Pilar a émigré de l'Équateur vers la Nouvelle-Écosse alors qu'elle était en troisième année du cycle primaire. Elle n'avait jamais pratiqué de sport d'hiver avant cela, mais au cours des cinq années suivantes (de la quatrième à la huitième année) elle a fait partie de cinq équipes sportives de son école, et a excellé dans chaque discipline. Appariez les années scolaires aux sports que Pilar a pratiqués.

1. En quatrième année, Pilar ne faisait pas partie de l'équipe de patinage artistique ou de patinage de vitesse.

2. En sixième année, elle ne faisait pas partie de l'équipe de ski de fond.

3. Pilar s'est jointe à l'équipe de patinage artistique l'année qui a précédé ou qui a suivi son adhésion à l'équipe de ski alpin.

4. Elle s'est jointe à l'équipe de ski de fond après avoir appartenu à l'équipe de ski alpin et avant d'être membre de l'équipe de saut à skis.

Années	Sport
4e	
5e	
6e	
7e	
8e	

Solution, page 98

14. La bourse ou la vie

À l'approche de l'hiver, quatre banques ont pris part à un programme de vaccination à l'échelle municipale. Au cours de quatre journées (du mercredi au samedi), chaque banque a fourni à un médecin bénévole un local où administrer des vaccins contre la grippe. Associez chaque jour à un médecin bénévole et à la banque qui a mis un local à sa disposition.

1. La Banque de la Réserve a fourni un local le mercredi.

2. Ce n'est ni la Banque de Commerce ni la Banque de la Régence qui a fourni le local le vendredi.

3. La Banque de la Régence a fourni un local au Dr Watier, mais pas le samedi.

4. Le Dr Chan s'est porté bénévole avant le Dr Krulikowski.

5. Ni la Banque de la Fédération, ni la Banque de la Réserve n'ont fourni de local au Dr Friedrich.

Jour	Docteur	Banque
Mercredi		
Jeudi		
Vendredi		
Samedi		

Solution, page 99

15. Concours de mangeurs de tartes

À la foire annuelle du comté, le concours de mangeurs de tartes reste la grande attraction. Cette année, parmi plus de 30 participants, les cinq premiers à avoir achevé leur tarte de deux kilos ont reçu un ruban. Chaque gagnant a avalé une tarte d'une garniture différente (myrtilles, cerises, noix de coco, abricots ou crème de banane). Établissez l'ordre des gagnants et la sorte de tarte que chacun a mangée.

1. Une femme s'est classée au deuxième rang.

2. Calvin s'est classé trois rangs au-dessus de la personne qui a avalé la tarte à la crème de banane.

3. Normand, qui a avalé la tarte aux abricots ou aux cerises, ne s'est pas classé au troisième rang.

4. Marie a achevé de manger sa tarte avant que quelqu'un d'autre n'achève sa tarte aux myrtilles.

5. Jason n'a pas achevé de manger sa tarte avant la personne qui avalait la tarte aux abricots.

6. Estelle a terminé juste avant ou après la personne qui a avalé la tarte à la noix de coco.

Rang	Concurrent	Tarte
1er		
2e		
3e		
4e		
5e		

Solution, page 100

16. Corvées hebdomadaires

Les quatre enfants Dumoutier effectuent des corvées hebdomadaires à la maison. Pendant les grandes vacances d'été, chaque enfant (dont Patrice) est responsable d'une corvée à l'intérieur de la maison et d'une corvée à l'extérieur. Quelles sont les deux corvées réservées à chaque enfant de cette famille ?

1. Éric nettoie les carreaux à l'intérieur ou à l'extérieur, mais pas les deux.

2. Madeleine taille les haies ou tond la pelouse.

3. L'enfant qui nettoie la salle de bains ne fait pas les carreaux à l'extérieur.

4. Émilie passe l'aspirateur au rez-de-chaussée ou nettoie la salle de bains.

5. L'enfant qui fait les poussières désherbe également le jardin.

6. Les enfants qui passent l'aspirateur au rez-de-chaussée et taillent les haies ont des initiales différentes.

7. Un garçon fait les carreaux à l'intérieur.

Enfant	Corvée intérieure	Corvée extérieure

Solution, page 101

17. Eau chaude à volonté

Quatre couples du quartier ont récemment fait l'acquisition d'un jacuzzi. Chacun s'est procuré un modèle dont le nom renvoie à un endroit ensoleillé, qui peut recevoir un nombre de personnes différent (quatre, cinq, six ou huit). Établissez le nombre de personnes que chaque modèle peut recevoir et le couple qui se l'est procuré.

1. Le modèle Palm Springs peut recevoir deux personnes de plus que le South Beach.

2. Les Dupont ou les Poulin ont acheté le modèle Key Largo.

3. Le modèle Santa Barbara peut recevoir davantage de personnes que le modèle qu'ont acheté les Rochefort, mais moins que le modèle des Clément.

4. Les Poulin n'ont pas acheté le modèle qui peut recevoir cinq personnes.

Nombre de pers.	Modèle	Nom
quatre		
cinq		
six		
huit		

Solution, page 102

18. Rue du Quai

Port-la-Joye vient de célébrer son tricentenaire sur sa plus ancienne artère, la rue du Quai. Cette rue fait face au Vieux-Port et compte quatre immeubles dont la construction remonte au début du XVIIIe siècle (dont un en 1714). Quels sont l'emplacement et l'année de la construction de chaque immeuble ?

1. L'immeuble qui fut achevé en 1708 se trouve à l'ouest de celui qui fut érigé en 1711.

2. Les halles des poissonniers se trouvent à l'ouest du manège militaire.

3. La première église méthodiste fut construite en 1710.

4. L'hôtel de ville est l'immeuble n° 3.

5. Le manège militaire fut construit quatre années après l'immeuble n° 4.

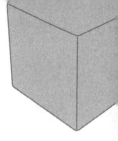

	N° 1 (Ouest)	N° 2	N° 3	N° 4 (Est)
Immeuble				
Année				

Solution, page 103

19. Festivals irlandais

Le jour de la Saint-Patrick, cinq couples d'époux discutent devant une chope de bière verte des festivals irlandais auxquels ils ont pris part au cours de l'année. Sauriez-vous apparier les couples (l'une des femmes s'appelle Angélica) et le festival auquel chacun a participé ?

1. Catherine n'est pas mariée à Bartholomée ou à Philippe.

2. Jacob n'a pas assisté au Festival irlandais de Milwaukee.

3. Philippe s'est rendu au Festival irlandais de Toledo.

4. Éléonore s'est rendue au Festival irlandais de Virginie.

5. Rachel est l'épouse de Jacob ou de Thomas.

6. Mira (qui n'est pas l'épouse de Bartholomée ou de Thomas) s'est rendue au Festival irlandais du Colorado ou à celui de Milwaukee.

7. Bartholomée ou Nathan est allé au Festival Ceili de Philadelphie.

Femme	Homme	Festival

Solution, page 104

20. Maison hantée

Chaque fête de l'Halloween, les Bélanger transforment la grange de leur ferme en une maison hantée. Ils y aménagent un labyrinthe obscur qui relie six salles où se trouve un acteur mort-vivant qui incarne un personnage monstrueux (dont Cruella). L'année dernière, les six petits-enfants des Brion (dont Angela) y sont entrés ensemble. Chacun a eu une frousse effroyable dans une salle différente des autres. Quel est le nombre de la salle qui a effrayé chacun et le personnage qui s'y trouvait ?

1. La femme-araignée se trouvait dans la salle où les enfants sont entrés avant la salle qui a le plus effrayé Patricia.

2. Le loup-garou occupait la salle qui se trouvait à trois portes de celle qui a le plus effrayé Étienne.

3. Selon Lorraine, la troisième salle était la plus effroyable.

4. Vlad l'Empaleur attendait les enfants dans la quatrième salle.

5. La salle qu'occupait Jack l'Éventreur se trouvait après la salle qui a le plus effrayé Roland.

6. La charmeuse de serpent occupait la salle qui se trouvait à trois portes de celle qui a le plus effrayé Baptiste.

Salle	Enfant	Personnage
1		
2		
3		
4		
5		
6		

Solution, page 105

21. Filature

Le cercle des tricoteuses compte encore des adeptes. Hier, quatre femmes s'assirent ensemble comme on le voit à la page ci-contre et chacune tricotait un article différent (dont un couvre-oreiller). Chacune raconta une histoire différente, dont une qui confia avoir cessé de fumer. Saurez-vous apparier la place de chaque femme à l'article qu'elle tricotait et à l'histoire qu'elle a racontée ?

1. Celle qui tricotait des chaussons de bébé occupait la place n° 1.

2. Élise, qui tricotait un pull, a parlé du premier récital de piano de sa fille.

3. Joannie ne tricotait pas une écharpe.

4. Celle qui a parlé de son enfance à Paris occupait la place n° 4.

5. Marianne a raconté sa croisière en Alaska.

6. Dolores occupait la place n° 3.

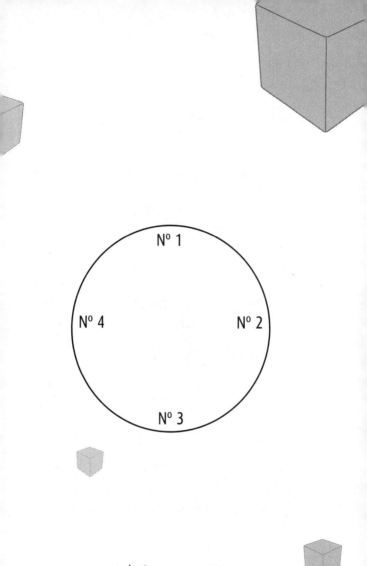

N° 1

N° 4   N° 2

N° 3

Solution, page 106

22. Glorieux soldats

Bien qu'il soit lieutenant-colonel de l'armée royale canadienne, Eugène Watteau a encore plusieurs buts dans la vie. Ses quatre ancêtres paternels (père, grand-père, arrière-grand-père et arrière-arrière-grand-père) étaient tous généraux et chacun est parti à la retraite décoré d'un nombre d'étoiles différent (d'une à quatre). Plus l'ancêtre d'Eugène est jeune, plus il a remporté de médailles. Saurez-vous trouver le lien de parenté qui unissait chaque homme à Eugène et le nombre d'étoiles que chacun a reçues ?

1. Martin était le petit-fils de celui qui fut décoré d'une étoile.

2. Jacob n'était pas le fils de Rodolphe.

3. Nathaniel a reçu deux étoiles de plus que l'arrière-grand-père d'Eugène.

4. Jacob ou Martin fut décoré de trois étoiles.

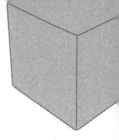

Degré de parenté	Homme	Nombre d'étoiles

Solution, page 107

23. Vacances à Key West

Lors des vacances de printemps, Pierre et Marc ont passé cinq jours à Key West. Ils ont consacré chaque journée (du mardi au samedi) à une activité nautique différente, dont la voile, et ont fait la location d'un mode de transport différent. Êtes-vous capable d'apparier chaque jour à un sport nautique et un mode de transport ?

1. Pierre et Marc ont fait de la natation le lendemain du jour où ils ont fait du snorkeling et la veille du jour où ils ont loué un scooter des sables.

2. Le jour où ils ont faire de la moto marine (qui n'était pas le vendredi) n'est pas celui où ils ont loué les motocyclettes.

3. Ils ont fait de la plongée autonome le lendemain du jour où ils ont loué les scooters et la veille du jour où ils ont loué les vélos.

4. Ils ont loué les motocyclettes et la voiture électrique, dans cet ordre, à un intervalle minimal de trois jours.

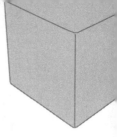

Jour	Sport nautique	Mode de transport

Solution, pages 108 et 109

24. Qui offre la tournée ?

Quatre copains se retrouvent dans un bar à l'heure de l'apéro. Ils prennent place autour d'une table ronde ainsi qu'on le voit en page ci-contre et, au cours de la soirée, chacun offre une tournée. Sauriez-vous dire à quel endroit chacun a pris place, quels sont ses nom et prénom, et l'ordre selon lequel chacun offre à boire aux autres ?

1. Les deux premiers qui offrent une tournée prennent place l'un en face de l'autre.

2. Arnold offre une tournée tout de suite après Dupré.

3. Corriveau, qui n'offre pas la quatrième tournée, paye à boire quelque temps après Émilie.

4. La personne qui a pris place dans le fauteuil n° 2 et la personne qui offre la quatrième tournée sont de genres opposés.

5. Claire offre une tournée quelque temps après la personne qui a pris place dans le fauteuil nᵒ 1.

6. Laberge et Brault sont assis face à face.

7. Ni David ni Laberge n'occupent le fauteuil nᵒ 4.

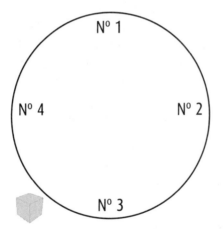

N° 1

N° 4

N° 2

N° 3

Solution, page 110

25. Du sel, s'il vous plaît!

Certains aliments perdent de leur attrait lorsque le médecin conseille de réduire la consommation de sel. Cinq patients (dont Berthe et Olivier) l'ont appris récemment. Chacun d'eux a reçu l'interdiction de consommer un aliment différent des autres en lui ajoutant une pincée de sel pour en rehausser la saveur. Saurez-vous trouver les nom et prénoms de chacun et l'aliment qu'il ne peut plus manger ?

1. Marjorie apprécie moins la saveur du cantaloup sans sel.

2. Voici quatre de ces cinq patients : Judith, Bélanger, Tremblay et la personne qui a renoncé à manger des tomates.

3. Brisson et la personne qui a renoncé à manger des tomates sont de genres opposés.

4. La personne qui a renoncé aux œufs à la coque (une femme) ne s'appelle pas Lévesque.

5. Bélanger et la personne qui a renoncé aux bretzels sont de sexes opposés.

6. La personne qui a renoncé au maïs éclaté ne s'appelle pas Bélanger ou Lévesque.

7. Ernest (qui ne s'appelle ni Tremblay ni Lavoie) n'a renoncé ni aux bretzels ni aux tomates.

Prénom	Nom	Aliment

Solution, page 111

26. Femme à tout faire

Joséphine gagne sa vie en effectuant de petits travaux pour les gens de son voisinage. En trois jours, de mercredi à vendredi, elle a accompli huit tâches pour un client. Sauriez-vous dire dans quel ordre Joséphine a effectué ces tâches et les associer à un jour particulier ?

1. Ses premières tâches des trois jours, en un ordre quelconque, ont été de pendre un lustre, de fixer des rhéostats et de remplacer les lames du parquet.

2. Elle a installé les moustiquaires au moins un jour avant les coupe-froid.

3. Jeudi, elle a accompli au moins une tâche de plus que le jour où elle a installé les rhéostats.

4. Joséphine a calfaté la cabine de douche avant, mais pas immédiatement, de peindre le plafond de la salle de bains.

5. Mercredi, elle a accompli le même nombre de tâches que le jour où elle a pendu le lustre.

6. Elle a réparé le placoplâtre avant de remplacer les lames du parquet.

7. Joséphine n'a pas effectué plus de cinq tâches au cours d'une même journée.

Jour	Ordre	Tâche

Solution, pages 112 et 113

27. La dictée des Amériques

Cinq étudiants de l'école secondaire Jeanne-Mance (dont Barbara) ont pris part à la dictée des Amériques. Bien qu'aucun d'eux n'ait remporté le premier prix, tous se sont classés parmi les trente premiers (en 4e, 9e, 15e, 20e et 26e places). Chacun a mal épelé un mot différent des autres. Sauriez-vous trouver le classement de chaque étudiant et le mot qu'il a mal épelé ?

1. Un garçon a mal épelé « ecchymose ».

2. Béatrice s'est classée précisément cinq places derrière l'enfant qui a mal écrit « haubert ».

3. Boris ne s'est pas classé précisément six places devant l'enfant qui a mal écrit « vendangette ».

4. Les cinq enfants sont : Benjamin, Béatrice, les enfants qui ont mal écrit « raucité » et « vendangette », et l'enfant qui s'est classé au 20e rang.

5. Bastien s'est classé six places devant ou six places derrière l'enfant qui a mal écrit « kaléidoscope ».

Rang	Étudiant	Mot

Solution, page 114

28. Neuf villes en neuf jours

Robert est directeur régional d'une chaîne de boutiques de jouets qui ont pignon sur rue dans l'État de New York, du New Jersey et de la Pennsylvanie. L'année dernière, en prévision du temps des fêtes, il a travaillé pendant dix journées consécutives, chaque jour à un endroit différent : quatre jours dans l'État de New York (Albany, Rochester, Rye et Syracuse), trois au New Jersey (Newark, Teaneck et Trenton) et deux en Pennsylvanie (Bethléem et Scranton). Sauriez-vous dire dans quel ordre il a visité ces villes ?

1. Chaque jour, Robert s'est trouvé dans un État différent de celui qu'il avait visité la veille.

2. Il est passé dans les quatre villes de l'État de New York après avoir visité Bethléem et avant d'être allé à Trenton.

3. Il ne s'est pas rendu à Newark trois jours après avoir visité Rochester.

4. Il a visité ces quatre villes dans un ordre quelconque, mais pas nécessairement de façon consécutive : Teaneck, Rye, Albany et Scranton.

5. Robert n'a jamais franchi la frontière entre le New Jersey et la Pennsylvanie.

Jour	Ville
1er	
2e	
3e	
4e	
5e	
6e	
7e	
8e	
9e	

Solution, page 115

29. La poule aux œufs d'or

Chaque année à l'occasion de la fête de Pâques, la Chambre de commerce de notre localité organise une course aux œufs dans le jardin public de la ville. Parmi les nombreux œufs en chocolat qui contiennent de modestes prix se trouvent, dissimulés, cinq œufs dorés qui renferment un chèque-cadeau de 100 $ échangeable à l'une des boutiques suivantes : la joaillerie Marina, le disquaire Ziggy, la trattoria Via Venezia, la boutique Sports Plus et Capitaine Vidéo. Chaque enfant (dont Paul) a trouvé un œuf à un endroit différent (dont une fontaine). Sauriez-vous dire à quel endroit chaque enfant a trouvé un œuf doré et quel chèque-cadeau il renferme ?

1. Le garçon qui a trouvé le chèque-cadeau du disquaire Ziggy ne l'a pas trouvé dans la mangeoire pour les oiseaux.

2. L'œuf dissimulé à l'intérieur d'un canon ne cachait pas le chèque-cadeau de Sports Plus.

3. Jasmine a gagné un chèque-cadeau de la joaillerie Marina ou de Capitaine Vidéo.

4. Hélène a trouvé un œuf à l'intérieur d'un canon ou sous une table de pique-nique.

5. L'enfant qui a trouvé un œuf sous une poubelle (il ne s'agit pas de Kevin) n'a pas remporté le chèque-cadeau de la trattoria Via Venezia.

6. Les cinq enfants sont : Régine, l'enfant qui a trouvé les œufs cachés dans une mangeoire pour les oiseaux et sous la table de pique-nique, et les enfants qui ont gagné les chèques-cadeaux de Capitaine Vidéo et Sports Plus.

Enfant	Emplacement	Chèque-cadeau

Solution, page 116

30. Dangereux passe-temps

Quatre amis, dont Brigitte et Herman, tous des intrépides, faisaient les quatre cents coups jusqu'au jour où l'un d'eux eut un accident qui se solda par une fracture du poignet. À compter de ce jour, il ou elle a adopté un passe-temps moins dangereux. Découvrez le passe-temps dangereux de chacun, la blessure dont il a souffert et son nouveau centre d'intérêt.

1. La femme qui s'est mise à collectionner les modèles réduits de trains ne s'est pas déplacé une vertèbre.

2. Un homme pratiquait la paravoile.

3. La personne qui pratiquait le saut à l'élastique s'est disloqué une épaule.

4. Ni Marion (qui s'est mise à l'ornithologie) ni Serge (qui ne collectionne pas les papillons) ne pratiquaient le parachutisme.

5. L'accident de deltaplane ne s'est pas soldé par une vertèbre déplacée.

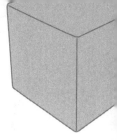

6. La personne qui pratique à présent la jonglerie (qui ne s'est jamais fracturé un tibia) n'a jamais pratiqué le saut à l'élastique ou la paravoile.

Personne	Passe-temps dangereux	Blessure	Nouveau passe-temps

Solution, page 117

31. Photographe attitré de Leurs Majestés

Pierre est photojournaliste et auteur de plusieurs ouvrages portant sur sept monarques européens (dont Albert II de Belgique et Marguerite II de Danemark). L'année dernière, il a touché un chèque de redevances pour chaque ouvrage au cours de mois différents. Sauriez-vous dire au cours de quel mois il a touché un chèque pour chaque ouvrage ?

1. Pierre a reçu en février ou novembre un chèque pour son ouvrage sur le prince Rainier III de Monaco.

2. Il a reçu un chèque pour son livre sur le roi Juan Carlos d'Espagne au cours d'un mois dont la lettre initiale est un J.

3. L'un des deux premiers chèques qu'il a reçus était en lien avec son livre sur le roi Carl XVI Gustav de Suède.

4. Il a reçu en juillet ou en septembre un chèque pour son livre sur le roi Harald V de Norvège.

5. Les deux seuls chèques qu'il a reçus au cours de mois consécutifs étaient en lien avec ses ouvrages sur la reine Beatrix des Pays-Bas et un autre monarque, dans un ordre quelconque.

6. Un intervalle maximal de quatre mois a séparé les moments où il a reçu ses chèques en lien avec les ouvrages sur les deux reines.

Mois	Monarque

Solution, page 118

32. Le courrier du cœur

Mme Bertrand tient le courrier du cœur d'un petit hebdomadaire. À la fin de sa chronique, elle livre de courtes réponses à ceux de ses lecteurs qui lui ont demandé de ne pas publier leurs lettres. Cette semaine, elle a ajouté à sa chronique cinq de ces réponses. Sauriez-vous trouver l'ordre selon lequel elle a adressé ces réponses et les personnes à qui elle a offert ses bons conseils ?

1. La première réponse de Mme Bertrand s'adressait à Patron dérouté ou Patronnesse perplexe.

2. Sa réponse à Père en furie fut : « J'aurais piqué une crise. »

3. Elle a répondu à Cousin curieux avant d'écrire : « Détendez-vous, ma chère. »

4. La réponse de Mme Bertrand à Cousin curieux n'a pas précédé exactement sa réponse à Fille éperdue; son conseil à l'intention de l'une de ces personnes fut : « Apprenez l'espagnol. »

5. Sa réponse à Patron dérouté a précédé ou suivi cette réponse : « Jamais de la vie. »

6. Sa deuxième ou troisième réponse fut : « Vous vous racontez des histoires. »

7. La cinquième réponse de Mme Bertrand fut « Détendez-vous, mon cher » ou « Jamais de la vie ».

Ordre	Personne	Conseil

Solution, page 119

33. Festival des films muets

Le cinéma Lumière a tenu son festival annuel de films muets. De lundi à samedi, deux vedettes du cinéma muet (une femme et un homme, dont Charlie Chaplin) étaient chaque jour à l'affiche. Sauriez-vous dire quel couple était à l'affiche chaque jour du festival ?

1. Mary Astor et William Desmond Taylor étaient à l'affiche le même jour.

2. Betty Blythe tenait l'affiche le jour avant ou le jour après Buster Keaton.

3. Theda Bara fut à l'affiche quatre jours avant Rudolph Valentino.

4. Vendredi, la vedette masculine du film était Buster Keaton ou Douglas Fairbanks.

5. Louise Brooks fut à l'affiche la veille de Mary Pickford.

6. Clara Bow fut à l'affiche deux jours avant Fatty Arbuckle.

Jour	Vedette féminine	Vedette masculine
Lundi		
Mardi		
Mercredi		
Jeudi		
Vendredi		
Samedi		

Solution, page 120

34. Les Arpents verts

Un des grands succès sur Broadway fut la comédie musicale tirée de l'émission télévisée *Les Arpents verts*. Les cinq chansons du premier acte (dont « Ô petite graine ») sont interprétées par différents ensembles des personnages principaux, qui sont au nombre de cinq. Sauriez-vous dire quels personnages prennent part à chacune des chansons ?

1. Chacune des chansons est interprétée par un nombre différent de personnages (d'un à cinq).

2. Oliver, Lisa et un intrus bruyant chantent *Seulement nous deux*.

3. Les deux seules chansons de M. Kimball sont *Le blues du fonctionnaire* et *À la ferme*.

4. Lisa et Eb n'interprètent pas le même nombre de chansons.

5. Oliver chante un solo.

6. Eb chante soit *Le blues du fonctionnaire* soit *Seulement nous deux*.

7. Lisa et M. Haney n'ont que deux chansons ensemble, dont « Hot-dogs à Hooterville ».

Chanson	Interprète(s)

Solution, page 121

35. Mal aux cheveux

Thierry s'est un peu trop amusé samedi soir. Dimanche matin, il s'est plaint d'avoir la gueule de bois à cinq de ses amis (dont Thérèse). Chacun lui a conseillé un remède sans ordonnance et un aliment différents. Saurez-vous apparier remèdes et aliments à qui les lui a conseillés ?

1. Ses cinq amis sont : Barbara, Calvin, la personne qui lui a conseillé de prendre de l'Aspirine, la personne qui lui a conseillé des bonbons haricots, et celle qui a conseillé des craquelins.

2. La personne qui lui a conseillé de prendre Excedrin (qui n'est pas Laurent) ne lui a pas davantage conseillé de manger des cerises.

3. La personne qui lui a conseillé de manger des biscuits au gingembre lui a aussi conseillé de prendre de l'Aspirine ou Tylenol.

4. Les personnes qui lui ont conseillé de prendre Excedrin et de l'ibuprofène sont de même sexe.

5. Ses cinq amis sont : Jennifer, les personnes qui lui ont conseillé de prendre Aleve et Excedrin, et les personnes qui lui ont conseillé de manger des bonbons haricots et des olives.

Personne	Remède	Aliment

Solution, page 122

36. Partie de scrabble

Benjamin fait une partie de scrabble avec trois de ses amis. Au cours de la dernière ronde, chaque joueur fait un bingo en formant un mot de ses sept lettres, dont « tremblement ». Dans quel ordre ces gens ont-ils fait leurs bingos ? Quels sont leurs noms (Pelletier figure parmi les noms de famille) et quel est le mot que chacun a épelé ?

1. Les quatre joueurs sont : Adrienne, Lebrun, la personne qui a formé le mot « bougeotte » et la personne qui a fait le premier bingo.

2. Les quatre joueurs sont : Prudence, Allaire, la personne qui a formé le mot « peinture » et la personne qui a fait le deuxième bingo.

3. Les quatre joueurs sont : Tami, Trépanier, la personne qui a formé le mot « alchimie » et la personne qui a fait le troisième bingo.

4. Les prénom, nom et mot d'une des personnes commencent par la même lettre. Pour les autres personnes, les lettres qui débutent leur prénom, nom et mot sont différentes les unes des autres.

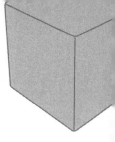

Ordre	Prénom	Nom	Mot

Solution, page 123

37. Dans une galaxie près de chez vous

Lors d'un rassemblement des admirateur de l'émission télévisée *Star Trek*, Steve et quatre autres admirateurs engagent une vive discussion à savoir laquelle des cinq saisons était la meilleure. Chacun porte un déguisement inspiré d'une créature extra-terrestre différente et chacun a une raison particuliaire de préférer une saison aux autres (l'un d'eux aime les intrigues d'une des saisons). Découvrez le costume que porte chacun, sa saison préférée et la raison qui justifie son choix.

1. La personne déguisée en Romulain préfère *Voyager*.

2. Antonin ou Marie s'est costumé en Borg.

3. Quatre des cinq personnes sont: Marie, la personne déguisée en Klingon, la personne qui préfère *Deep Space Nine* et la personne qui aime une saison en raison de la qualité de l'interprétation.

4. Suzanne, qui n'est pas déguisée en Ferengi ou en Romulaine, n'insiste pas sur les personnages ou les effets spéciaux.

5. La personne qui aime une saison en raison de ses personnages est costumée en Klingon ou en Vulcain.

6. Xavier (dont la saison préférée est *The Next Generation*) n'est pas costumé en Klingon.

7. Antonin aime une saison en raison de ses effets spéciaux ou de son synopsis.

8. La personne déguisée en Ferengi préfère *Star Trek* ou *Deep Space Nine*.

9. Une personne préfère *Enterprise* en raison de ses effets spéciaux.

Personne	Costume	Saison	Raison

Solution, page 124

38. Voyages d'affaires

Quatre hommes d'affaires français qui travaillent tous pour la même société ont fait récemment des voyages pour des motifs professionnels. Chacun a son bureau dans une ville différente des autres et s'est rendu dans une autre ville à une reprise au cours des quatre derniers mois (d'avril à juillet). Trouvez le mois au cours duquel chacun s'est déplacé, la ville où il est en poste et sa destination.

1. Olivier a voyagé en avril ou en juin.

2. Celui qui vit à Bordeaux s'est déplacé après Jean-Luc et avant l'homme qui est allé à Lyon.

3. L'homme qui habite à Arles ne s'est pas rendu à Bordeaux.

4. L'homme qui a voyagé en juin habite la ville qu'a visitée un collègue en juillet.

5. Albert s'est rendu dans la ville qu'habite l'homme qui est allé à Dijon.

6. Michel n'a pas voyagé en juillet.

Mois	Homme	Ville d'attache	Destination

Solution, page 125

SOLUTIONS

1. Jardin zoologique

En 2001, André et Maude ont visité soit le parc d'animaux sauvages de Longleat, soit le parc d'animaux sauvages de Whipsnade (1). Ils n'ont pas visité le zoo de San Diego en 2003, 2004 ou 2005 (2), donc ils l'ont visité en 2002 et ont visité le parc d'animaux sauvages de Fota en 2005 (2). Ils n'ont visité ni Chester ni Longleat en 2004; donc, ils ont visité Whipsnade en 2004. Ils ont visité Longleat en 2001 (1). Si on procède par élimination, ils ont visité Chester en 2003.

2001	parc d'animaux sauvages Longleat
2002	zoo de San Diego
2003	zoo de Chester
2004	parc d'animaux sauvages de Whipsnade
2005	parc d'animaux sauvages de Fota

SOLUTIONS

2. Au royaume du Farflunge

Tyrellia est la province n° 1 (1). Esperenza est la province n° 2 est le prince Mortimer gouverne la province n° 3. Par conséquent, le prince Antonius ne gouverne pas Esperenza (3), mais plutôt Tyrellia. Si on procède par élimination, le prince Balkun gouverne Esperenza.

N°1	Tyrellia	prince Antonius
N°2	Esperenza	prince Balkun
N°3	Lemurva	prince Mortimer

SOLUTIONS

3. Bons baisers de l'Antarctique

En 1998, Maxine et Arnold se sont rendus aux îles Malouines ou au canal Lemaire (1). Ils n'ont pas fait la croisière dans les îles Shetland du Sud en 1999, 2000 ou 2001 (2); ils l'ont donc faite en 1997 et ils ont fait la croisière en mer de Weddell en l'an 2000 (2). Ils se sont rendus en Géorgie du Sud en 1999 et ont fait la croisière sur le canal Lemaire en 2001 (3). Si on procède par élimination, ils se sont rendus aux îles Malouines en 1998.

1997	îles Shetland du Sud
1998	îles Malouines
1999	Géorgie du Sud
2000	mer de Weddell
2001	canal Lemaire

4. Magasinage dans le cosmos

Célestine s'est d'abord arrêtée sur Vénus (1). Elle s'est ensuite rendue sur Saturne et a acheté une paire de chaussures infrarouges à son quatrième arrêt (2). Sur Mercure, elle a acheté le bracelet antigravité (3). Si on procède par élimination, elle a acheté les chaussures sur Mars, le maillot sur Vénus et les billets pour l'opéra sur Elton John sur Saturne.

1er	Vénus	maillot à mailles de platine
2e	Saturne	billets pour l'opéra
3e	Mercure	bracelet antigravité
4e	Mars	chaussures infrarouges

5. Pas de substitution

Une jeune femme a acheté le jus de légumes V8 (4); il s'agit donc d'Ingrid ou de Julie. Kevin n'a pas acheté de sauce A1 ou de 7 Up (2); il a donc acheté la sauce pour bifteck Heinz 57. Louis a acheté la sauce A1 (3). Kevin, qui a acheté la sauce pour bifteck Heinz 57 (voyez ci-dessus) est le cousin de Julie (3). Il ne s'appelle pas Deslauriers (2); il s'appelle donc Cartier (1). Julie est sa cousine (3) et son nom de famille est Deslauriers (1). Elle n'a pas acheté de jus de légumes V8 (2); c'est donc Ingrid qui l'a fait. Julie Deslauriers a acheté la boisson gazeuse 7 Up. Fichaud a acheté du jus de légumes V8; elle se prénomme donc Ingrid (voyez ci-dessus). Si on procède par élimination, Louis s'appelle Hémon.

Ingrid	Fichaud	V8
Julie	Deslauriers	7 Up
Kevin	Cartier	Heinz 57
Louis	Hémon	A1

SOLUTIONS

6 Voyages de rêve

Maïr occupait la place n° 2. Rachel et Louise étaient assises, dans un ordre quelconque, aux places n° 1 et n° 3 (5). Si on procède par élimination, Janine était assise à la place n° 4. Elle a rêvé du Colisée (1). Celle qui a rêvé de la forêt équatoriale n'est pas Marie et ne s'est pas assise à la place n° 3 (3); elle s'est donc assise à la place n° 1. Maïr n'a pas rêvé du désert (2); elle a donc rêvé de la place Rouge. Si on procède par élimination, celle qui occupait la place n° 3 a rêvé du désert. Il ne s'agit pas de Rachel (4); cette dernière s'est donc assise à la place n° 1. Si on procède par élimination, Louise occupait la place n° 3.

1	Rachel	forêt équatoriale
2	Marie	place Rouge
3	Louise	désert
4	Janine	Colisée

SOLUTIONS

7. Quelque chose de nouveau, quelque chose d'ancien

Roger est né au Mexique (2). La personne qui vit au New Jersey est native du Hampshire (3). Sharon vit à New York (1); elle n'est donc pas née à York (intro); elle est née dans l'île de Jersey. De même, puisque Roger est né au Mexique, il n'habite pas le Nouveau-Mexique (intro), mais plutôt le New Hampshire. Par conséquent, une femme est native de New York (4); il s'agit donc de Laura. Si on procède par élimination, elle vit au Nouveau-Mexique et Karl au New Jersey.

Karl	New Jersey	Hampshire
Laura	Nouveau-Mexique	York
Roger	New Hampshire	Mexique
Sharon	New York	Jersey

B. Échos du passé

Mercredi, un étudiant a démontré le fonctionnement d'un lecteur à cassettes ou de disques compacts (3). La démonstration du phonographe ne s'est faite ni le jeudi, ni le vendredi (1). Si elle avait eu lieu le lundi, celle du lecteur MP3 aurait eu lieu le mercredi (1), ce qui est impossible. Par conséquent, la démonstration du phonographe a eu lieu le mardi; celle de Jacob, le mercredi; et celle du lecteur MP3, le jeudi (1). Lucie a démontré le fonctionnement d'un lecteur de rubans à huit pistes ou d'un lecteur de disques compacts un jour autre que le vendredi (2); c'était donc le lundi. La démonstration de Jules a eu lieu le jeudi; et celle d'Arthur le vendredi (5). Si on procède par élimination, Carl a fait sa démonstration le mardi. La démonstration du lecteur de disques compacts a eu lieu le lundi (4). Jacob a démontré le fonctionnement d'un lecteur à cassettes (voyez ci-dessus). Si on procède par élimination, Jules a démontré le fonctionnement du lecteur de rubans à huit pistes.

Lundi	Lucie	disques compacts
Mardi	Carl	phonographe
mercredi	Jacob	lecteur cassettes
Jeudi	Jules	MP3
Vendredi	Arthur	huit pistes

9. Les aventures africaines d'Anita

Anita a visité l'Égypte et la Namibie au cours de deux années paires (5), mais pas en 1998 ou en 2000 (1); elle s'est donc rendue dans ces pays, dans un ordre quelconque, en 2002 et 2004. Elle n'a pas visité l'Éthiopie en 1998, 1999 ou 2000 (1), pas davantage en 2003 ou 2005 (4); elle s'est donc rendue en Éthiopie en 2001 et au Maroc en 2000. Elle n'est pas allée au Kenya en 2003 (2); elle y est donc allée en 2005 et elle est allée au Ghana en 2003 (2). Elle s'est rendue au Mali en 1999 et en Égypte en 2002 (3). Elle a visité le Botswana en 1998 (1).

Si on procède par élimination, Anita a visité la Namibie en 2004.

1998	Botswana
1999	Mali
2000	Maroc
2001	Éthiopie
2002	Égypte
2003	Ghana
2004	Namibie
2005	Kenya

10. Orient et Occident

Claire n'était pas assise dans le fauteuil n° 2 ou n° 3 (3); c'était donc Denise qui l'occupait (1). Amélie n'était pas assise dans le fauteuil n° 1 (1), mais bien dans le n° 4. Si on procède par élimination, Manon était assise dans le fauteuil n° 1. Celle qui était assise dans le fauteuil n° 2 a parlé de politique (6). Ni Amélie ni Manon n'ont parlé d'architecture (4); c'est donc celle qui occupait le fauteuil n° 3 qui l'a fait. Elle n'a pas pris Xiao-Xiang comme prénom (5). Celle qui a adopté le prénom Xiao-Xiang était assise à deux fauteuils de celle qui a parlé des pratiques commerciales (5). Par conséquent, la femme qui a adopté Xiao-Xiang comme prénom n'était pas assise dans le fauteuil n° 1 ou n° 4; elle était donc assise dans le n° 2. Il ne s'agit pas de Denise (5), donc de Claire. Si on procède par élimination, Denise était assise dans le fauteuil n° 3. Amélie a parlé des pratiques commerciales (5). Si on procède par élimination, Manon a parlé de la famille chinoise. Denise a adopté Yue-Sai comme prénom (3). Amélie, qui occupait le fauteuil n° 4 (voyez ci-dessus), n'a pas adopté le prénom Guai-Fing (2); c'était donc celui de Manon. Si on procède par élimination, Amélie a adopté Yee-Wan comme prénom chinois.

1	Manon	famille	Guai-Fong
2	Claire	politique	Xiao-Xiang
3	Denise	architecture	Yue-Sai
4	Amélie	commerce	Yee-Wan

11. Par décret impérial

La quatrième femme a ouvert le coffret contenant l'anneau (intro). Celle qui a ouvert le coffret contenant la prune n'était ni la première ni la deuxième (1); elle était donc la troisième. Alanis était la deuxième, et la première femme a ouvert le coffret de teck. Fiona a ouvert le coffret contenant un mouchoir (3); elle a donc ouvert le premier coffret. Si on procède par élimination, Alanis a ouvert le coffret contenant la souris morte. Monica était la troisième femme (2). Si on procède par élimination, India était la quatrième. Monica a ouvert le coffret de jade (4). Alanis a ouvert celui de bakélite et India celui de cuivre (5).

India a donc épousé le prince !

1re	Fiona	teck	mouchoir
2e	Alanis	bakélite	souris
3e	Monica	jade	prune
4e	India	cuivre	anneau

SOLUTIONS

12. Le garage à trois places

La Hudson occupe l'espace n° 1 (1). La Edsel n'occupe pas l'espace n° 3 (2), donc elle occupe l'espace n° 2. Si on procède par élimination, la Fairlane occupe l'espace n° 3 et elle est bleue (2). La voiture verte n'occupe pas l'espace n° 2 (3), donc elle occupe l'espace n° 1; par conséquent, il s'agit de la Hudson. Si on procède par élimination, la Edsel est rose.

N° 1	Hudson	verte
N° 2	Edsel	rose
N° 3	Fairlane	bleue

SOLUTIONS

13. Sports d'hiver

En quatrième année, Pilar ne s'est pas jointe à l'équipe de patinage artistique ou à celle de patinage de vitesse (1), ni à celle de ski de fond ou de saut à skis (4); elle a donc appartenu à l'équipe de ski alpin. Elle s'est jointe à l'équipe de patinage artistique en cinquième année (3). Elle n'a pas rejoint l'équipe de ski de fond en sixième (2) ou en huitième année (4); elle l'a donc fait en septième année. Elle a joint l'équipe de saut à skis en huitième année (4). Si on procède par élimination, elle a joint l'équipe de patinage de vitesse en sixième année.

4e	ski alpin
5e	patinage artistique
6e	patinage de vitesse
7e	ski de fond
8e	saut à skis

14. La bourse ou la vie

La Banque de la Réserve a fourni un local le mercredi (1). Ni la Banque de Commerce ni la Banque de la Régence n'ont fourni de local le vendredi (2); c'est donc la Banque de la Fédération qui l'a fait. La banque qui a fourni un local le samedi n'est pas celle de la Régence (3); il s'agit donc de la Banque de Commerce. Si on procède par élimination, la Banque de la Régence a fourni un local le jeudi au Dr Watier (3). Ni la Banque de la Fédération, ni la Banque de la Réserve n'ont fourni de local au Dr Friedrich (4); c'est donc la Banque de Commerce qui l'a fait. Le Dr Chan s'est porté volontaire le mercredi et le Dr Krulikowski, le jeudi (4).

Mercredi	Dr Chan	Réserve
Jeudi	Dr Watier	Régence
Vendredi	Dr Krulikowski	Fédération
Samedi	Dr Friedrich	Commerce

15. Concours de mangeurs de tartes

Une femme s'est classée au deuxième rang (1); il s'agit donc d'Estelle ou de Marie. Calvin n'occupe pas le troisième, le quatrième ou le cinquième rang (2); donc, il s'est classé au premier rang et la personne qui a mangé la tarte à la crème de banane occupe le quatrième rang. Normand a avalé la tarte aux abricots ou aux cerises et ne s'est pas classé au troisième rang (3); il occupe donc le cinquième rang. Marie s'est classée au deuxième rang et la personne qui a avalé la tarte aux myrtilles occupe le troisième rang (4). Estelle s'est classée au troisième rang et Marie a avalé la tarte à la noix de coco (6). Si on procède par élimination, Jason s'est classé au quatrième rang. Norman s'est classé tout de suite après lui (voyez ci-dessus); il n'a donc pas avalé la tarte aux abricots (5), mais celle aux cerises. Si on procède par élimination, Calvin a avalé la tarte aux abricots.

1er rang	Calvin	abricots
2e rang	Marie	noix de coco
3e rang	Estelle	myrtilles
4e rang	Jason	crème de banane
5e rang	Normand	cerises

SOLUTIONS

16. Corvées hebdomadaires

Madeleine taille les haies ou tond la pelouse (2). Émilie passe l'aspirateur au rez-de-chaussée ou nettoie la salle de bains (4). L'enfant qui fait les poussières désherbe également le jardin (5). Il ne s'agit pas d'Éric (1), mais plutôt de Patrice. Éric fait les carreaux à l'intérieur (7). Il ne fait pas les carreaux à l'extérieur (1); c'est donc Émilie qui s'en charge. Elle ne nettoie pas la salle de bains (3); c'est donc Madeleine qui le fait. Si on procède par élimination, Émilie passe l'aspirateur. Éric ne taille pas les haies (6), c'est donc Madeleine qui s'en charge. Si on procède par élimination, Éric tond la pelouse.

Émilie	aspirateur	carreaux ext.
Éric	carreaux int.	pelouse
Madeleine	salle de bains	haies
Patrice	poussières	désherbage

17. Eau chaude à volonté

Le Palm Springs peut recevoir deux personnes de plus que le South Beach (1); donc, l'un d'eux peut recevoir six personnes. Le Santa Barbara ne peut recevoir quatre ou huit personnes (3); il peut donc en recevoir cinq. Les Rochefort ont acheté la cuve qui peut recevoir quatre personnes (3). Les Dupont ou les Poulin ont acheté le Key Largo (2); ce modèle peut donc recevoir huit personnes. Le Palm Springs peut recevoir six personnes et le South Beach, quatre (1). Les Clément n'ont pas acheté le Santa Barbara (3); ils ont donc acheté le Palm Springs. Les Poulin n'ont pas acheté le Santa Barbara (4); ils ont donc acheté le Key Largo. Si on procède par élimination, les Dupont ont acheté le Santa Barbara.

Quatre	South Beach	Rochefort
Cinq	Santa Barbara	Dupont
Six	Palm Springs	Clément
Huit	Key Largo	Poulin

18. Rue du Quai

L'hôtel de ville est l'immeuble n° 3 (4). Le manège militaire n'est pas le n° 4 (5); il s'agit donc du n° 2 et les halles des poissonniers sont le n° 1 (2). Si on procède par élimination, la première église méthodiste est le n° 4. Elle fut construite en 1710 (3). Le manège militaire fut construit en 1714 (5). Les halles des poissonniers furent construites en 1708 et l'hôtel de ville en 1711.

n° 1	halles des poissonniers	1708
n° 2	manège militaire	1714
n° 3	hôtel de ville	1711
n° 4	église méthodiste	1710

19. Festivals irlandais

Philippe s'est rendu au Festival de Toledo (3). Éléonore s'est rendue au Festival de Virginie (4). Rachel est l'épouse de Jacob ou de Thomas (5). Mira s'est rendue au Festival irlandais du Colorado ou à celui de Milwaukee (6). Bartholomée ou Nathan est allé au Festival de Philadelphie (7). Nous sommes en présence de cinq couples. Catherine n'est pas l'épouse de Philippe (1); elle s'est donc rendue au Festival de Philadelphie. Elle n'est pas l'épouse de Bartholomée (1); elle est donc celle de Nathan. Si on procède par élimination, Angélica et Philippe sont mariés. Mira n'est pas mariée à Bartholomée ou Thomas (6); elle est donc l'épouse de Jacob. Rachel est mariée à Thomas (5). Si on procède par élimination, Éléonore est mariée à Bartholomée. Jacob et Mira ne sont pas allés au Festival de Milwaukee (2); ils sont donc allés à celui du Colorado. Si on procède par élimination, Rachel et Thomas ont assisté au Festival de Milwaukee.

Angélica	Philippe	Toledo
Catherine	Nathan	Philadelphie
Éléonore	Bartholomée	Virginie
Mira	Jacob	Colorado
Rachel	Thomas	Milwaukee

SOLUTIONS

20. Maison hantée

Selon Lorraine, la troisième salle était la plus effroyable (3) Vlad l'Empaleur était dans la quatrième salle (4). La charmeuse de serpent était dans la cinquième salle et, selon Baptiste, la deuxième salle était la plus effroyable (6). La femme-araignée se trouvait dans la troisième salle et, selon Patricia, la quatrième salle était la plus effroyable (1). Le loup-garou était dans la deuxième salle et, selon Étienne, la cinquième salle était la plus effroyable (2). Jack l'Éventreur occupait la sixième salle et, selon Roland, la première salle était la plus effroyable (5). Si on procède par élimination, la sixième salle était la plus effroyable aux yeux d'Angela, et Cruella occupait la première salle.

1	Roland	Cruella
2	Baptiste	loup-garou
3	Lorraine	femme-araignée
4	Patricia	Vlad l'Empaleur
5	Étienne	charmeuse de serpent
6	Angela	Jack l'Éventreur

21. Filature

Celle qui tricotait des chaussons de bébé occupait la place nᵒ 1 (1). Celle qui a parlé de son enfance au Lavandou occupait la place nᵒ 4 (4). Dolores occupait la place nᵒ 3 (6). Élise, qui tricotait un pull, a parlé du premier récital de piano de sa fille (2); elle occupait donc la place nᵒ 2. Marianne a raconté sa croisière en Alaska (5); elle occupait donc la place nᵒ 1. Si on procède par élimination, Joannie occupait la place nᵒ 4 et Dolores racontait avoir cessé de fumer. Joannie ne tricotait pas une écharpe (3), de sorte que c'était Dolores. Si on procède par élimination, Joannie tricotait un couvre-oreiller.

1	Marianne	chaussons de bébé	Alaska
2	Élise	pull	récital de piano
3	Dolores	écharpe	cesse de fumer
4	Joannie	couvre-oreiller	Paris

SOLUTIONS

22. Glorieux soldats

Jacob ou Martin fut décoré de trois étoiles (4). Nathaniel n'a pas reçu une ou deux étoiles (3); il en a donc reçu quatre et l'arrière-grand-père d'Eugène en a reçu deux (3). Celui qui fut décoré d'une étoile n'était ni le père ni le grand-père d'Eugène (1); il était donc son arrière-arrière-grand-père. Martin était le petit-fils de cet homme (1); il était donc le grand-père d'Eugène. Par conséquent, il n'est pas parti à la retraite décoré d'une, deux ou quatre étoiles (voyez plus haut); il en a donc reçu trois. Si on procède par élimination, le père d'Eugène a reçu quatre étoiles; il s'agit donc de Nathaniel (voyez plus haut). Si Rodolphe avait été l'arrière-arrière-grand-père d'Eugène, on en déduirait par élimination que Jacob a été l'arrière-grand-père d'Eugène. Toutefois, dans ce cas, Jacob aurait été le fils de Rodolphe, ce qui est impossible (2). Par conséquent, Rodolphe était l'arrière-grand-père d'Eugène. Si on procède par élimination, on parvient à conclure que Jacob était l'arrière-arrière-grand-père d'Eugène.

père	Nathaniel	quatre
grand-père	Martin	trois
arrière-grand-père	Rodolphe	deux
arrière-arrière-grand-père	Jacob	une

23. Vacances à Key West

Le premier indice, de même que le troisième, font état de trois jours consécutifs. Pierre et Marc n'ont pas fait de plongée autonome plus d'un jour avant de faire du snorkeling, car alors ils auraient loué les scooters plus de quatre jours avant d'avoir loué le scooter des sables (1 et 3), ce qui est impossible (relisez l'intro). S'ils avaient fait de la plongée autonome la veille du jour où ils ont fait du snorkeling, alors ils auraient loué les scooters le mardi, les vélos le jeudi et le scooter des sables le samedi (1 et 3). Toutefois, dans ce cas, ils auraient loué les motocyclettes et la voiture électrique le mercredi et le vendredi, dans cet ordre, ce qui est impossible (4).

Par conséquent, Pierre et Marc ont fait de la plongée autonome quelque temps après avoir fait du snorkeling. Ils n'ont pu le faire que deux jours plus tard (1 et 3).

Si on combine les renseignements des indices 1 et 3, on peut en déduire que les quatre journées de leur voyage se sont déroulées dans l'ordre comme suit : le jour où ils ont fait du snorkeling, le jour où ils ont pratiqué la natation et loué des scooters, le jour où ils ont fait de la longée autonome et loué un scooter des sables, et le jour où ils ont loué des vélos.

SOLUTIONS

Ils ont loué les motocyclettes et la voiture électrique à au moins trois jours d'intervalle (4); ils les ont donc loués le mardi et le samedi, en suivant l'ordre. Par conséquent, ils ont fait du snorkeling le mardi, de la natation le mercredi, de la plongée le jeudi et du vélo le vendredi. Ils n'ont pas fait de motomarine le vendredi (2); ils ont donc fait de la voile ce jour-là. Si on procède par élimination, ils ont fait de la motomarine le samedi (2). Ils n'ont pas loué les motocyclettes le samedi (2); ils ont donc loué la voiture électrique. Si on procède par élimination, ils ont loué les motocyclettes le mardi.

Mardi	snorkeling	motocyclettes
Mercredi	natation	scooters
Jeudi	plongée	scooter des sables
Vendredi	voile	vélos
Samedi	motomarine	voiture électrique

24. Qui offre la tournée ?

Les deux premiers qui ont payé une tournée ont pris place l'un en face de l'autre (1). Donc, si on procède par élimination, la troisième et la quatrième personnes étaient également assises l'une en face de l'autre. Laberge et Brault étaient assis face à face (6); on peut donc en déduire que Dupré et Corriveau étaient également assis l'un en face de l'autre. Dupré n'a pas offert la quatrième tournée (2), pas plus d'ailleurs que Brault (3); ils ont donc payé la première et la deuxième tournées, dans un ordre quelconque (voyez ci-dessus). Brault n'a pas offert la première tournée (3); c'est donc Dupré qui l'a fait alors que Nolin a offert la deuxième tournée. Par conséquent, Arnold est Corriveau (2) et Emilie est Dupré (3). David n'est pas Laberge (7); il s'appelle donc Brault. Si on procède par élimination, Claire s'appelle Laberge. Elle n'est pas assise dans le fauteuil nº 4 (7) ou nº 1 (5). David Brault est assis en face d'elle (voyez ci-dessus), et il n'est pas assis dans le fauteuil nº 4 (7); dans ce cas, Claire n'a pas pris place dans le fauteuil nº 2. Par conséquent, Claire est assise dans le fauteuil nº 3. David Brault est assis en face d'elle dans le fauteuil nº 1 (voyez ci-dessus); il a donc offert la troisième tournée et Claire, la quatrième (5). Un homme est assis dans le fauteuil nº 2 (4); il s'agit donc d'Arnold. Si on procède par élimination, on en déduit que Émilie est assise dans le fauteuil nº 4.

Nº 1	David Brault	3e tournée
Nº 2	Arnold Corriveau	2e tournée
Nº 3	Claire Laberge	4e tournée
Nº 4	Émilie Dupré	1re tournée

25. Du sel, s'il vous plaît !

Marjorie ne mange plus de cantaloup (1). Ernest n'a renoncé ni aux œufs à la coque (4), ni aux bretzels, ni aux tomates (7); il a donc renoncé au maïs éclaté. Il ne s'appelle ni Bélanger et Lévesque (6), pas plus que Tremblay ou Lavoie; son nom de famille est donc Brisson. Une femme a renoncé à manger des tomates (3), mais ce n'est ni Judith (2) ni Marjorie (1); il s'agit donc de Berthe. Judith a renoncé aux œufs à la coque (4). Si on procède par élimination, Olivier a renoncé aux bretzels. Bélanger est une femme (5), mais ce n'est ni Judith ni Berthe (2); il s'agit donc de Marjorie. Tremblay n'est pas le nom de famille de Judith ou de Berthe (2); c'est donc celui d'Olivier. Nous savons que Judith a renoncé aux œufs à la coque; alors elle ne s'appelle pas Lévesque (4); elle s'appelle Lavoie. Si on procède par élimination, Berthe s'appelle Lévesque.

Berthe Lévesque	tomates
Ernest Brisson	maïs éclaté
Olivier Tremblay	bretzels
Judith Lavoie	œufs à la coque
Marjorie Bélanger	cantaloup

26. Femme à tout faire

Si Joséphine n'avait effectué qu'une tâche mercredi, elle n'en aurait également accompli qu'une seule une autre journée (5) et six les autres jours (intro), ce qui est impossible (7).

Si elle avait accompli quatre tâches mercredi, elle en aurait également accompli quatre un autre jour (5) et aucune le jour qui reste (intro), ce qui est impossible (1).

Si Joséphine avait effectué cinq tâches mercredi, elle en aurait également accompli cinq un autre jour (5), ce qui est impossible (intro).

Joséphine n'a pas accompli plus de cinq tâches par jour (7); elle en a donc effectué deux ou trois mercredi.

Si Joséphine avait effectué trois tâches mercredi, elle en aurait également accompli trois un autre jour (5) et deux le jour qui reste (intro).

Par conséquent, elle aurait accompli trois tâches jeudi (3) et deux vendredi ; elle aurait donc installé les rhéostats le vendredi (3) et pendu le chandelier jeudi (5).

Toutefois, dans ce cas, sa première tâche du mercredi aurait été de remplacer les lames du parquet (1), ce qui est impossible (6). Par conséquent, Joséphine a accompli deux tâches mercredi, deux tâches un autre jour (5) et quatre le jour qui reste (intro). Par conséquent, elle a accompli quatre tâches jeudi (3) et, si on procède par élimination, deux vendredi.

Elle a pendu le lustre vendredi (5) et ce fut sa première tâche de la journée (1). Elle n'a pas installé les rhéostats vendredi (1) ou jeudi (3); elle l'a donc fait mercredi, et ce fut sa première tâche de la journée (1).

Sa première tâche du jeudi a été de remplacer les lames du parquet (1).

Sa deuxième tâche du mercredi a été de réparer le placoplâtre (6). Sa deuxième tâche du vendredi a consisté à installer les coupe-froid (2). Jeudi, sa deuxième tâche a consisté à calfater la cabine de douche et sa quatrième tâche fut de peindre le plafond de la salle de bains (4). Si on procède par élimination, sa troisième tâche du jeudi a consisté à installer les moustiquaires.

Mercredi	1re	installation rhéostats
	2^e	réparation placoplâtre
Jeudi	1re	remplacement lames parquet
	2^e	calfatage douche
	3^e	installation moustiquaires
	4^e	plafond salle de bains
Vendredi	1re	installation lustre
	2^e	installation coupe-froid

27. La dictée des Amériques

Les cinq enfants sont : Benjamin, Béatrice, les enfants qui ont mal écrit « raucité » et « vendangette », et l'enfant qui s'est classé au 20e rang (4). Béatrice s'est classée au neuvième rang (2). L'enfant qui a mal écrit « haubert » s'est classé au quatrième rang (2); il s'agit donc de Benjamin. Un garçon a mal épelé « ecchymose » (1); il s'est donc classé au vingtième rang. Si on procède par élimination, Béatrice a mal écrit « kaléidoscope ». Bastien s'est classé au quinzième rang (5). Si on procède par élimination, le garçon qui s'est classé au vingtième rang (voyez ci-dessus) est Boris. Si on procède encore par élimination, Barbara s'est classée au vingt-sixième rang. Elle n'a pas mal écrit « vendangette » (3); elle a donc mal écrit « raucité ». Si on procède par élimination, Bastien a mal écrit « vendangette ».

4e	Benjamin	haubert
9e	Béatrice	kaléidoscope
15e	Bastien	vendangette
20e	Boris	ecchymose
26e	Barbara	raucité

28. Neuf villes en neuf jours

Robert a franchi chaque soir la frontière entre deux États (1), mais n'a jamais traversé celle qui sépare le New Jersey et la Pennsylvanie (5); il se trouvait donc dans l'État de New York les deuxième, quatrième, sixième et huitième jours. Il a visité Bethléem le premier jour et Trenton le neuvième (2). Il a visité Rye le quatrième jour et Albany le sixième (4). Il a visité Teaneck le troisième jour et Scranton le septième jour (4). Si on procède par élimination, il est passé à Newark le cinquième jour. Le deuxième jour, il ne s'est pas rendu à Rochester (3); il est donc allé à Syracuse. Si on procède par élimination, il est passé à Rochester le huitième jour.

1er	Bethléem, PA
2^e	Syracuse, NY
3^e	Teaneck, NJ
4^e	Rye, NY
5^e	Newark NJ
6^e	Albany, NY
7^e	Scranton, PA
8^e	Rochester, NY
9^e	Trenton, NJ

SOLUTIONS

29. La poule aux œufs d'or

Les cinq enfants sont : Régine, l'enfant qui a trouvé les œufs cachés dans une mangeoire pour les oiseaux et sous la table de pique-nique, et les enfants qui ont gagné les chèques-cadeaux de Capitaine Vidéo et Sports Plus (6). Le garçon qui a trouvé le chèque-cadeau du disquaire Ziggy ne l'a pas trouvé dans la mangeoire pour les oiseaux (1); il l'a donc trouvé sous une table de pique-nique. Hélène ne peut être ce garçon; elle a donc trouvé un œuf à l'intérieur d'un canon (4). Il ne renfermait pas de chèque-cadeau pour Sports Plus (2); il contenait donc celui de Capitaine Vidéo. Jasmine a gagné un chèque-cadeau de la joaillerie Marina (3); elle a donc trouvé un œuf dans la mangeoire pour les oiseaux (voyez ci-dessus).

Si on procède par élimination, Régine a gagné le chèque-cadeau de la trattoria Via Venezia. Elle n'a pas trouvé d'œuf sous une poubelle (5); elle l'a donc trouvé dans la fontaine. Si on procède par élimination, l'œuf trouvé sous une poubelle renfermait un chèque-cadeau de chez Sports Plus. Kevin n'a pas trouvé cet œuf (5); il s'agit donc de Paul. Si on procède par élimination, Kevin a trouvé un œuf sous une table de pique-nique.

Hélène	canon	Capitaine Vidéo
Jasmine	mangeoire	joaillerie Marina
Kevin	table pique-nique	disquaire Ziggy
Paul	poubelle	Sports Plus
Régine	fontaine	trattoria Via Venezia

30. Dangereux passe-temps

Marion s'est mise à l'ornithologie (4). Une femme s'est mise à collectionner les modèles réduits de trains (1); il s'agit donc de Brigitte. Serge ne collectionne pas les papillons (4); il s'agit donc du passe-temps de Herman. Si on procède par élimination, Serge s'est mis à la jonglerie. Il ne pratiquait pas le parachutisme (4), le saut à l'élastique ou la paravoile (6); il pratiquait donc le deltaplane. Herman pratiquait la paravoile (2). Marion ne pratiquait pas le parachutisme (4); c'était donc le sport de Brigitte. Si on procède par élimination, Marion faisait du saut à l'élastique. Elle s'est disloqué une épaule (3). Serge ne s'est pas fracturé un tibia (6), ni déplacé une vertèbre (5); il s'est donc fracturé le poignet. Brigitte ne s'est pas déplacé une vertèbre (1); elle s'est donc fracturé le tibia. Si on procède par élimination, Herman s'est déplacé une vertèbre.

Brigitte	parachutisme	tibia	modèles réduits
Herman	paravoile	vertèbre	papillons
Marion	saut à l'élastique	épaule	ornithologie
Serge	deltaplane	poignet	jonglerie

31. Photographe attitré de Leurs Majestés

Pierre a reçu sept chèques en l'espace de douze mois (intro), mais n'en a reçu que deux au cours de mois qui se suivent (5). Cela n'est possible que s'il a reçu des chèques en décembre et janvier. S'il avait reçu un chèque pour son ouvrage sur le prince Rainier en février, alors il aurait reçu les quatre autres chèques en avril, juin, août et octobre, ce qui est impossible (4). Par conséquent, il a reçu un chèque pour son ouvrage sur le prince Rainier en novembre (1). Il a reçu quatre autres chèques en mars, mai, juillet et septembre (5). Il a reçu un chèque pour son livre sur la reine Beatrix en décembre (5). Il a reçu un chèque pour son livre sur la reine Marguerite II en septembre (6). Il a reçu un chèque pour son livre sur le roi Harald V en juillet (4). Il a reçu un chèque pour son livre sur le roi Juan Carlos en janvier (2). Il a reçu un chèque pour son ouvrage sur le roi Carl XVI Gustav en mars (3). Si on procède par élimination, il a reçu son chèque pour son livre sur Albert II en mai.

Janvier	roi Juan Carlos
Mars	roi Carl XVI Gustav
Mai	roi Albert II
Juillet	roi Harald V
Septembre	reine Marguerite II
Novembre	prince Rainier III
Décembre	reine Beatrix

32. Le courrier du cœur

La première réponse de Mme Bertrand s'adressait à Patron dérouté ou Patronnesse perplexe (1). Sa réponse à Père en furie fut : « J'aurais piqué une crise » (2). Le conseil de Mme Bertrand à Cousin curieux ou Fille éperdue fut : « Apprenez l'espagnol » (4). Sa deuxième ou troisième réponse fut : « Vous vous racontez des histoires » (6). La cinquième réponse de Mme Bertrand fut « Détendez-vous, ma chère » ou « Jamais de la vie » (7). Voilà pour ce qui est des cinq réponses. Sa première réponse ne fut pas : « Détendez-vous, ma chère » (3); ce fut donc sa cinquième (voyez ci-dessus). Si on procède par élimination, sa première réponse fut : « Jamais de la vie. » Sa deuxième réponse fut adressée à Patron dérouté (5); il s'agissait donc de : « Vous vous racontez des histoires. » Sa première réponse fut adressée à Patronnesse perplexe (1). Sa réponse à Cousin curieux ne fut pas « Détendez-vous, ma chère » (3); ce fut donc : « Apprenez l'espagnol. » Si on procède par élimination, sa cinquième réponse fut adressée à Fille éperdue. Sa réponse à Cousin curieux n'était pas la quatrième (4); il s'agissait donc de la troisième. Si on procède par élimination, sa quatrième réponse s'adressait à Père en furie.

1re	Patronnesse *perplexe*	Jamais de la vie
2^e	Patron *dérouté*	Vous vous racontez des histoires
3^e	Cousin *curieux*	Apprenez l'espagnol
4^e	Père *en furie*	J'aurais piqué une crise
5^e	Fille *éperdue*	Détendez-vous, ma chère

33. Festival des films muets

Vendredi, la vedette masculine du film était Buster Keaton ou Douglas Fairbanks (4).

Valentino fut à l'affiche le samedi et Theda Bara le mardi (3). Clara Bow fut à l'affiche le lundi et Fatty Arbuckle le mercredi (6). Mary Astor et William Desmond Taylor étaient à l'affiche le jeudi (1). Louise Brooks était à l'affiche le vendredi et Mary Pickford le samedi (5). Si on procède par élimination, Betty Blythe était à l'affiche le mercredi et Buster Keaton le mardi (2). Douglas Fairbanks était à l'affiche le vendredi (voyez ci-dessus). Si on procède par élimination, Charlie Chaplin était à l'affiche le lundi.

Lundi	Clara Bow	Charlie Chaplin
Mardi	Theda Bara	Buster Keaton
Mercredi	Betty Blythe	Fatty Arbuckle
Jeudi	Mary Astor	William D. Taylor
Vendredi	Louise Brooks	Douglas Fairbanks
Samedi	Mary Pickford	Rudolph Valentino

34. Les Arpents verts

Étant donné qu'Oliver chante *seulement nous deux* (1), il ne peut être M. Kimball (2) et, par conséquent, il ne peut chanter *Le blues du fonctionnaire* ou *À la ferme* en solo. Le solo d'Oliver (5) n'est pas *Seulement nous deux* (2), *Le blues du fonctionnaire* ou *À la ferme* (3) ou encore *Hot-dogs à Hooterville* (7); il s'agit donc de *Ô petite graine*. La chanson qui réunit les cinq personnages (1) fait, bien sûr, appel à M. Kimball; il s'agit donc de *Le blues du fonctionnaire* ou *À la ferme* (3). Elle fait également appel à Lisa et M. Haney; aussi, leur seule autre chanson ensemble doit être *Hot-dogs à Hooterville* (7). Oliver, Lisa et un autre personnage chantent *Seulement nous deux* (2). Cet autre personnage n'est pas M. Haney (7) ou M. Kimball (3); il s'agit donc de Eb. Il ne chante pas *Le blues du fonctionnaire* (6); donc, cette chanson ne fait pas appel aux cinq personnages. Par conséquent, les cinq personnages principaux chantent *À la ferme* ensemble. *Le blues du fonctionnaire* ne fait pas appel à Eb (6), ni à Lisa et M. Haney (7); elle fait donc appel à moins de quatre personnages; par conséquent, c'est *Hot-dogs à Hooterville* qui est chantée par quatre personnages. Elle exclut M. Kimball (3); elle réunit donc Oliver, Lisa, Eb et M. Haney. Eb chante précisément trois chansons (voyez ci-dessus); de sorte que Lisa en chante un nombre différent (4) et qu'elle chante *Le blues du fonctionnaire*. Il en est ainsi pour M. Kimball (3) et personne d'autre (1).

Ô petite graine :	Oliver
Blues du fonctionnaire :	Lisa et M. Kimball
Seulement nous deux :	Oliver, lisa et Eb
Hot-dogs à Hooterville :	Oliver, Lisa, Eb et M. Haney
À la ferme :	Oliver, Lisa, Eb, M. Haney et M. Kimball

SOLUTIONS

35. Mal aux cheveux

Ses cinq amis sont : Jennifer, les personnes qui lui ont conseillé de prendre Aleve et Excedrin, et les personnes qui lui ont conseillé de manger des bonbons haricots et des olives (5). La personne qui lui a conseillé de manger des biscuits au gingembre lui a aussi conseillé de prendre de l'Aspirine ou Tylenol (3); il s'agit donc de Jennifer. Elle ne lui a pas conseillé les bonbons haricots ou les craquelins (voyez ci-dessus); elle lui a donc conseillé l'Aspirine (1). La personne qui lui a conseillé de manger des cerises ne lui a pas conseillé de prendre Excedrin (2); elle ou il lui a donc conseillé de prendre Aleve. Si on procède par élimination, la personne qui lui a conseillé de prendre Excedrin lui a également conseillé de manger des craquelins. Cette personne n'est ni Barbara ni Calvin (1) et pas davantage Laurent (2); il s'agit donc de Thérèse. Ni Barbara ni Calvin ne lui ont conseillé les bonbons haricots (1); ce fut donc Laurent. Une femme lui a conseillé l'ibuprofène (4); il s'agit de Barbara, qui lui a également conseillé les olives. Si on procède par élimination, Calvin lui a conseillé de prendre Aleve et Laurent de prendre Tylenol.

Barbara	ibuprofène	olives
Calvin	Aleve	cerises
Jennifer	Aspirine	biscuits au gingembre
Laurent	Tylenol	bonbons haricots
Thérèse	Excedrin	craquelins

SOLUTIONS

36. Partie de scrabble

Les prénom, nom et mot d'une des personnes commencent par la même lettre (4). Cette lettre n'est pas B (1), P (2) ou T (3); il s'agit donc de A. Par conséquent, il s'agit d'Adrienne Allaire qui a formé le mot « alchimie ». Son bingo n'était pas le premier (1), le deuxième (2) ou le troisième (3); il était donc le quatrième. Ni Tami ni Trépanier n'ont fait le troisième bingo (3); donc, si on procède par élimination, ils ont fait le premier et le deuxième, dans un ordre quelconque. Ni l'un ni l'autre n'a formé le mot « tremblement »; il s'agit donc du troisième bingo. « Bougeotte » n'était pas le premier bingo (1); il était donc le deuxième. Si on procède par élimination, « peinture » a été le premier bingo. Prudence n'a pas formé ce mot (4), pas plus que « béton » qui a été le deuxième bingo (2); Prudence a donc formé « tremblement ». Benjamin n'a pas formé « béton » (4); c'est donc Tami qui l'a fait. Si on procède par élimination, Benjamin a formé le mot « peinture ». Par conséquent, il ne s'appelle pas Lebrun ou Pelletier (4), mais bien Trépanier. Prudence ne s'appelle pas Pelletier (4), mais bien Lebrun. Si on procède par élimination, Tami s'appelle Pelletier.

1er	Benjamin Trépanier	peinture
2^e	Tami Pelletier	bougeotte
3^e	Prudence Lebrun	tremblement
4^e	Adrienne Allaire	alchimie

37. Dans une galaxie près de chez vous

La personne déguisée en Romulain préfère *Voyager* (1). La personne qui aime une saison en raison de ses personnages est costumée en Klingon ou en Vulcain (5). La personne déguisée en Ferengi préfère *Star Trek* ou *Deep Space Nine* (8). Une personne préfère *Enterprise* en raison de ses effets spéciaux (9). Nous avons là quatre des cinq personnes. Suzanne n'est pas l'une d'elles (4); elle est donc la cinquième. Antonin ou Marie s'est costumé en Borg (2); la saison préférée de cette personne est donc *Enterprise*. La saison préférée de Xavier est *The Next Generation* (6); il l'apprécie donc en raison de ses personnages. Il n'était pas costumé en Klingon (6), mais en Vulcain. Si on procède par élimination, Suzanne était costumée en Klingon. Sa saison préférée n'est pas *Deep Space Nine* (3), mais bien *Star Trek*. Si on procède par élimination, la personne déguisée en Ferengi aime *Deep Space Nine*. Ni cette personne ni Suzanne ne préfèrent une saison en raison de l'interprétation (3); la personne déguisée en Romulain est donc celle qui préfère *Voyager* en raison de l'interprétation des acteurs. Ni cette personne ni celle qui aime *Deep Space Nine* ne sont Marie (3); Marie aime donc *Enterprise*. Antonin aime une saison en raison de son synopsis (7); il s'agit donc de *Deep Space Nine*. Si on procède par élimination, Steve aime *Voyager* et Suzanne aime *Star Trek* en raison des intrigues nouées dans chacun des épisodes.

Antonin	Ferengi	*DS9*	synopsis
Xavier	Vulcain	*TNG*	personnages
Marie	Borg	*Enterprise*	effets spéciaux
Suzanne	Klingon	*Star Trek*	intrigues

38. Voyages d'affaires

Jean-Luc ne s'est pas déplacé en juin ou juillet (2). S'il avait voyagé en mai, l'homme qui habite à Bordeaux aurait voyagé en juin et un autre homme se serait rendu à Lyon en juillet (2), ce qui est impossible (4). Par conséquent, Jean-Luc a voyagé en avril. Olivier s'est déplacé en juin (1). Michel n'a pas voyagé en juillet (6); il l'a donc fait en mai. Si on procède par élimination, Albert a voyagé en juillet. Sa destination était la ville où Jean-Luc habite (4); Olivier s'est donc rendu à Dijon (5). Jean-Luc a voyagé au moins deux mois avant celui qui s'est rendu à Lyon (2); Albert est donc allé à Lyon. Olivier vit à Lyon (4). Michel habite Bordeaux (2). Il ne s'est pas rendu à Bordeaux (intro), mais plutôt à Arles. Si on procède par élimination, Jean-Luc est allé à Bordeaux. Il n'habite pas Arles (3); il reste donc Albert. Si on procède par élimination, Jean-Luc vit à Dijon.

Avril	Jean-Luc	Dijon	Bordeaux
Mai	Michel	Bordeaux	Arles
Juin	Olivier	Lyon	Dijon
Juillet	Albert	Arles	Lyon

À PROPOS DE L'AUTEUR

MARK ZEGARELLI a imaginé sa première énigme de logique alors qu'il avait huit ans. Depuis, il en a publié plus de six mille. Un peu fou, non ?

Enfant, déjà, il rêvait de devenir concepteur d'énigmes fondées sur la logique.

Lorsque vos enfants affirment vouloir devenir planchistes professionnels, vendeurs de poupées ou concepteurs de jeux vidéo, vous devez les croire.

M. Zegarelli vit à Long Branch dans le New Jersey et étudie les mathématiques à l'Université Rutgers.